Artistes | numéro 52

CLAUDE LORRAIN
ET L'ESTHÉTIQUE CLASSIQUE

— L'art du « paysage idéal »,
entre réel et imaginaire

par Tatiana Sgalbiero

50MINUTES

Avec la collaboration d'Elisabeth Bruyns

CLAUDE LORRAIN

- **Nom ?** Claude Gellée ou Gelée, dit Claude Lorrain.
- **Naissance ?** Né vers 1600 à Chamagne (France).
- **Mort ?** Décédé le 23 novembre 1682 à Rome.
- **Contexte ?** Le classicisme.
- **Œuvres majeures ?**
  - *Le Siège de La Rochelle* (1631)
  - *Port de mer au soleil couchant* (1639)
  - *Port avec l'embarquement de la reine de Saba* (1648)
  - *Paysage avec la Fuite en Égypte* (1663)
  - *Psyché devant le palais de l'Amour* (1664)
  - *Vue de Delphes avec une procession* (1673)
  - *Jacob avec Laban et ses filles* (1676)

Paysagiste renommé de son vivant et très apprécié par l'élite de son temps, Claude Lorrain est l'auteur d'environ 250 peintures, 1 300 dessins et 44 gravures. Originaire de Lorraine, il s'installe rapidement à Rome, où il passe la majeure partie de sa vie. Ainsi, ses œuvres trouvent toutes leur source dans la campagne romaine.

Même si le genre du paysage existe depuis longtemps, Lorrain est le premier à lui accorder une place aussi importante et à s'y consacrer exclusivement. Toutefois, malgré la grande uniformité de sa production, celle-ci présente tout de même une certaine variété en raison de l'évolution continuelle de son style et des légères variantes qu'il introduit au fil de sa carrière dans ses tableaux.

La particularité du peintre est de recréer un paysage à partir d'éléments divers observés dans la nature et de l'imprégner d'une atmosphère digne de la pastorale. Son apport majeur réside dans son traitement de la lumière : il excelle à représenter le soleil et la luminosité naturelle qu'il dégage, ainsi qu'à exprimer l'écoulement du temps grâce aux effets de lumière. S'il n'a jamais théorisé son art, il est l'auteur d'un livre qui résume l'ensemble sa production : le *Liber Veritatis*. La plupart de ses œuvres y sont reproduites, avec des informations sur leurs dates de création et leurs commanditaires.

Du milieu du XVIIIe siècle au milieu du XIXe siècle, Claude Lorrain connaît un regain de popularité auprès des artistes anglais. Le fonds le plus important de son œuvre se trouve d'ailleurs en Angleterre, où sa célébrité est telle que les Anglais l'identifient par son seul prénom : Claude.

CONTEXTE

L'EUROPE DU XVIIe SIÈCLE

L'Europe du XVIIe siècle est le théâtre de nombreux conflits, notamment sur le plan religieux. Suite au concile de Trente (1545-1563), l'Église catholique lance le mouvement de la Contre-Réforme. Affaiblie par la Réforme protestante au début du XVIe siècle, elle entend ainsi rendre son prestige au catholicisme et reconquérir les fidèles acquis au protestantisme. Dans ce cadre, inévitablement, des tensions politiques naissent entre catholiques et protestants, notamment en France, en Allemagne et dans les Pays-Bas espagnols.

Les conflits entre catholiques et protestants perdurent au XVIIe siècle et aboutissent à la création des ligues catholiques et protestantes. Celles-ci sont à leur tour à l'origine de la guerre de Trente Ans (1618-1648), qui voit s'affronter toutes les grandes puissances européennes. Ce conflit entraînera la ruine du Saint Empire romain germanique et la prospérité de la France sous Louis XIII (1601-1643) et Louis XIV (1638-1715).

Parallèlement, les pays catholiques connaissent un important rayonnement culturel. Cette période correspond à l'âge d'or espagnol et au siècle d'or des Pays-Bas. La France développe quant à elle l'esthétique classique et s'érige en véritable modèle dans tous les domaines artistiques. En outre, l'Europe s'ouvre peu à peu à l'inconnu, notamment grâce aux explorations menées à travers le monde, et les sciences connaissent un essor considérable. Nicolas Copernic (1473-1543) et Galilée (1564-1642) développent leurs théories sur le mouvement terrestre. Johannes Kepler (1571-1630) et Isaac Newton (1643-1727) étudient les lois de la gravitation. René Descartes (1596-1650) et Blaise Pascal (1623-1662) proposent une nouvelle épistémologie qui combine philosophie et sciences. Il en résulte une meilleure connaissance du monde qui donne naissance à un nouvel esprit, plus moderne.

LA SITUATION DE LA FRANCE

En 1589, Henri IV (1553-1610), prince protestant, accède au trône français et se convertit au catholicisme quatre ans plus tard. En 1598, il promulgue l'édit de Nantes, mettant fin aux guerres de religion qui opposaient catholiques et protestants depuis 1562, et reconnaît la liberté de culte. Le nouveau souverain parvient ainsi à pacifier le royaume et récupère par ailleurs des territoires perdus lors des conflits.

En 1610, lorsqu'il meurt poignardé en plein Paris, c'est Louis XIII qui lui succède. Le roi étant seulement âgé de huit ans, sa mère, Marie de Médicis (1575-1642), assure la régence jusqu'en 1617. Avec l'aide de son ministre Richelieu (1585-1642), le monarque durcit la condition des nobles, qui sont écartés du pouvoir, et oriente la monarchie française vers l'absolutisme. À sa mort, Anne d'Autriche (1601-1666), aidée de Mazarin (1602-1661), devient régente jusqu'à ce que son fils, Louis XIV, soit en âge de monter sur le trône. C'est sous le règne de ce dernier, à partir de 1661, que la politique de centralisation du pouvoir connaît son apogée. Ce n'est pas un hasard si Louis XIV est surnommé le Roi-Soleil !

Par ailleurs, tout au long du XVIIe siècle, les monarques français mènent une politique d'expansion, annexant notamment la Lorraine, qui constitue alors un duché neutre. En 1634, le conseil souverain de Louis XIII s'installe à Nancy, se substituant aux anciennes autorités ducales. La ville est en effet d'un grand intérêt stratégique, puisqu'elle se trouve au carrefour des routes vers l'Italie, la Bourgogne et les provinces du Nord. En 1638, la Lorraine est ravagée, mise à feu et à sang, et pillée par les troupes françaises.

ART BAROQUE *VERSUS* ART CLASSIQUE

Au XVIe siècle, la papauté acquiert une nouvelle autorité et s'en sert pour reconstruire Rome, mise à sac par les troupes de Charles Quint (1500-1558) en 1527. D'importants travaux sont entrepris partout dans la ville. On crée notamment de nouvelles rues et des fontaines, et on rebâtit les palais et les églises. Le plus grand chantier de cette époque est certainement celui de la basilique Saint-Pierre, jugée trop vétuste et démolie en 1505. Sa reconstruction s'étale sur plus d'un siècle (1506-1626) et voit se succéder les plus grands artistes de l'époque : Donato Bramante (1444-1514), Michel-Ange (1475-1564), Carlo Maderno (1556-1629) et Le Bernin (1598-1680). Rome acquiert un immense prestige et les artistes affluent de l'Europe entière pour y faire leur apprentissage. Certains pays y créent même leurs propres académies artistiques. Charles Le Brun (1619-1690), premier peintre du roi Louis XIV, fonde l'Académie de France à Rome en 1666.

L'art qui se développe dans la Ville éternelle à cette époque est essentiellement religieux et se veut grandiloquent, afin de promouvoir l'Église catholique : il s'agit des prémices du mouvement baroque, qui se propagera rapidement dans toute l'Europe. De manière générale, celui-ci se caractérise par un goût pour l'exagération, les extrêmes et les contrastes marqués. Les compositions baroques se distinguent également par leur côté très théâtral, leurs effets illusionnistes, un certain déséquilibre et un grand dynamisme.

Cependant, en réaction aux excès du baroque, on voit naître, en France, dans la deuxième moitié du XVIIe siècle, un courant classique prônant un art plus rationnel et plus sobre. En ce sens, il correspond parfaitement à l'esprit français du XVIIe siècle qui place la raison sur un piédestal. Il s'agit de dominer ses passions et de respecter la hiérarchie, quelle qu'elle soit. Les maîtres mots des compositions classiques sont la rigueur, l'ordre, la clarté et l'équilibre. Il s'en dégage une impression de stabilité, d'harmonie, d'apaisement et de félicité, en écho avec l'image que souhaite renvoyer la monarchie française de l'époque. Théorisé en France par l'Académie royale de peinture et de sculpture, fondée en 1648, le classicisme est notamment représenté par Nicolas Poussin (1594-1665), Claude Lorrain et Charles Le Brun, qui contribuent à sa diffusion dans l'ensemble de l'Europe. Tous se sont formés en Italie, ont été confrontés au baroque et ont réagi de façon similaire face à cet art exubérant, en développant l'esthétique classique.

BIOGRAPHIE

UNE JEUNESSE MYSTÉRIEUSE

Claude Lorrain naît dans un milieu modeste vers 1600, probablement en 1604 ou en 1605. Il est le troisième enfant d'une famille de cinq fils. On ignore ce que furent réellement ses premières années. Deux hypothèses circulent à ce sujet, véhiculées par ses deux biographes, son ami Joachim von Sandrart (1606-1688) et Filippo Baldinucci (1624-1697).

Selon le premier, Claude Lorrain, peu intéressé par les études, serait entré en formation auprès d'un pâtissier qu'il aurait suivi à Rome – d'après Jean-Marie Cuny, l'auteur de *La Cuisine lorraine* (1971), l'artiste serait d'ailleurs l'inventeur de la pâte feuilletée ! Là, il serait devenu le domestique du peintre Agostino Tassi (1578-1644) qui l'aurait ensuite engagé comme apprenti, lui enseignant le dessin et la perspective.

Selon le second, à la mort de ses parents, Claude Lorrain, âgé de 12 ans, serait parti s'installer chez son frère Jean à Fribourg-en-Brisgau, où il aurait appris la marqueterie ainsi que le dessin. Un an plus tard, il se serait rendu à Rome, puis à Naples, auprès du peintre Goffredo Wals (vers 1590-1638). Il se serait ensuite installé auprès d'Agostino Tassi jusqu'en avril 1625.

La seule certitude que l'on ait, c'est que le jeune artiste a effectivement travaillé auprès de Goffredo Wals et Agostino Tassi. Ses œuvres de jeunesse témoignent incontestablement de leur influence. Par ailleurs, notons que la présence d'un certain Claude de Lorraine est attestée à Rome entre 1613 et 1623, mais il est difficile de certifier qu'il s'agit bien de l'artiste. Il est en tout cas avéré qu'il est établi à Rome en 1623.

DE LA LORRAINE À LA VILLE ÉTERNELLE

À partir de 1625, le parcours de Claude Lorrain est plus clair. En septembre de cette même année, il retourne en Lorraine, à Nancy, où il devient l'assistant de Claude Deruet (1588-1660), le peintre du duc de Lorraine Charles IV. À ses côtés, il travaille la fresque, notamment au sein de l'église carmélite de Nancy. Il quitte Deruet dès la fin de son contrat, un an plus tard.

En 1627, le peintre est de retour à Rome, où il se fixe définitivement. Il n'est cependant pas impossible qu'il accomplisse quelques séjours en dehors de la ville, notamment à Naples en 1636. S'il n'est à la tête d'aucun atelier, il entretient toutefois des relations amicales avec de nombreux artistes de son époque, dont Nicolas Poussin et Herman Van Swanevelt (vers 1600-1655). Il lui arrive de se rendre en leur compagnie dans la campagne romaine afin d'observer la nature et de réaliser quelques dessins.

Ses premières œuvres datées sont un paysage (1629) et une eau-forte représentant une tempête (1630). Il est également l'auteur, entre 1620 et 1630, des fresques aujourd'hui disparues de plusieurs palais romains, par exemple le palais Muti et le palais Crescenzi. Quant à ses premières œuvres reconnues, il s'agit de *La Fuite en Égypte*, *Le Pas de Suze forcé par Louis XIII* et *Le Siège de La Rochelle*, datées de 1631.

LES ANNÉES GLORIEUSES

Dès la fin des années 1630, la carrière de Claude Lorrain est en plein essor : il produit plus de dix tableaux par an ! Ses peintures à l'huile lui rapportent suffisamment d'argent pour qu'il n'ait plus à réaliser de fresques. Il reçoit des commandes d'importants mécènes qui assurent sa renommée, dont le cardinal Guido Bentivoglio (1577-1644), les papes Urbain VIII (1568-1644) et Clément IX (1600-1669), ou encore le roi d'Espagne Philippe IV (1605-1665). Il réalise pour ce dernier deux séries de quatre tableaux destinés à orner les murs du palais du Buen Retiro à Madrid.

Claude Lorrain ne se mariera jamais, mais il a une fille en 1653, Agnès, qui vient vivre à ses côtés en 1659. En 1662, son neveu Jean vient également s'installer dans sa maison, puis, en 1679, un second neveu, Joseph, emménage encore chez lui. Ces arrivées sont probablement dues à la mauvaise santé de l'artiste, qui souffre de la goutte – ou d'arthrite ? – au point d'avoir les mains raidies. À partir de cette époque, sa production diminue peu à peu : il ne peint plus que deux ou trois œuvres par an. Cependant ses œuvres restent remarquables, comme en témoigne *Psyché devant le palais de l'Amour*, daté de 1664. Il s'éteint à Rome le 23 novembre 1682.

UNE PHOBIE DE LA FRESQUE ?

Selon certaines sources, Claude Lorrain aurait cessé de réaliser des fresques en raison d'un incident survenu à Nancy et qui l'aurait traumatisé. Un de ses compagnons serait tombé d'un échafaudage lors de la réalisation des fresques de l'église des carmélites. Claude Lorrain lui aurait sauvé la vie, mais suite à cet épisode, il aurait pris peur et n'aurait plus voulu monter sur des échafaudages. Cependant, certaines de ses fresques sont postérieures à cette anecdote. Son désintérêt pour cette technique est donc plus vraisemblablement dû à l'attention qu'il accorde au rendu de la lumière naturelle, bien meilleur avec la peinture à l'huile.

CARACTÉRISTIQUES

LES INFLUENCES DU DÉBUT

Dès son installation à Rome, Claude Lorrain se spécialise dans le genre du paysage. Ses premières œuvres intègrent des scènes pastorales sans signification particulière figurant des bergers gardant leurs troupeaux, des paysans au travail ou encore des scènes de repos. On trouve également plusieurs paysages représentant la Fuite en Égypte, d'après l'*Évangile* de Matthieu.

Dans un premier temps, Claude Lorrain suit l'enseignement de son maître, Agostino Tassi, dont l'influence est facilement perceptible dans certains de ses tableaux. C'est par exemple le cas du paysage de 1629, dont la composition rappelle la fresque exécutée par Tassi dans le palais Raspigliosi en 1623. Ses premiers tableaux sont particulièrement vivants, et comptent de nombreuses figures et constructions antiques. Celles-ci ne servent cependant que de simples motifs, autrement dit, elles n'ont pour fonction que d'ennoblir les paysages. Claude Lorrain ne cherche pas, à la différence de Nicolas Poussin, à réaliser une étude de l'Antiquité ou à imprimer à ses œuvres une quelconque marque de nostalgie.

Ses premières œuvres romaines présentent par ailleurs des caractéristiques similaires : le premier plan est généralement encadré latéralement d'arbres, les pans de paysages s'emboîtent les uns dans les autres et le peintre utilise un système de diagonales afin de passer d'un plan à l'autre, comme le faisaient Agostino Tassi et Paul Bril (1553/54-1626) – ce dernier ayant lui-même influencé la production de Tassi. L'accent est mis sur la lumière, et non sur la représentation en elle-même, comme en attestent des œuvres telles que *Le Siège de La Rochelle* (1631), la *Vue du Campo Vaccino à Rome* (1636) ou *Moïse sauvé des eaux* (1639).

LA « GRANDE MANIÈRE »

À partir de 1640, l'influence des œuvres d'Annibal Carrache (1560-1609) et du Dominiquin (1581-1641) se fait sentir. Le style de Lorrain est plus serein et ses compositions sont plus équilibrées qu'auparavant. Aussi passe-t-il de ses habituels petits formats à des tableaux de dimensions plus importantes. La charnière entre la première et la deuxième phase du style de Claude Lorrain est symbolisée par quatre des tableaux peints pour le palais du Buen Retiro, dont *L'Enterrement de sainte Sérapie* (1630-1640). L'artiste y représente un paysage plus profond, avec une seule échappée haute et étroite guidant l'œil vers le lointain.

C'est dans les années 1650 que Claude Lorrain entre dans sa « grande manière ». Il s'éloigne des modèles nordiques et devient plus italianisant, il délaisse l'étude des contrastes lumineux au profit d'une lumière plus neutre, et il donne à ses paysages une structure architectonique et théâtrale – les constructions servent désormais de cadre au paysage. Les sujets de ses œuvres évoluent également : ils sont plus ambitieux et littéraires qu'auparavant. Ils émanent de deux sources d'inspiration principales : la religion et les *Métamorphoses* d'Ovide (43 av. J.-C.-17/18 apr. J.-C.).

Enfin, à la fin de sa carrière, après 1660, Lorrain est tout à fait classique et antiquisant. Toujours auteur de grands formats, il donne à ses compositions un plus grand lyrisme, ouvrant l'espace vers un autre monde. Ses marines de cette période illustrent souvent des moments de contemplation et de réflexion. Par ailleurs, il accorde davantage d'attention aux détails et à la construction de l'espace, afin de représenter une nature moins sauvage.

LE PAYSAGE IDÉAL

Les paysages peints par Claude Lorrain sont dits idéaux, d'une part dans le sens où tous les éléments y sont ordonnés et harmonieux, d'autre part parce qu'il y mélange intimement le réel et l'imaginaire. C'est encore plus vrai dans ses paysages inspirés de la religion ou des *Métamorphoses*. Lorrain passe beaucoup de temps à observer et à dessiner la campagne romaine puis, à partir de ses esquisses, il recompose une nature fictive mais réaliste. Ses dessins, grâce à la spontanéité du trait et au contraste entre le blanc du papier et le noir de l'encre, rendent particulièrement bien la nature et ses jeux de lumière.

De plus, il n'y a jamais rien de surnaturel dans ses tableaux. Ni ange, ni dieu, ni phénomène de métamorphose, ni même allégorie. Ses thèmes, qu'ils soient religieux ou non, s'inspirent parfois de faits surnaturels, mais ses compositions n'incluent jamais le moment où la magie s'accomplit. Elle est soit achevée, soit à venir. La peinture de Lorrain est profondément ancrée dans le réel. Toutefois, cela ne l'empêche pas de proposer une vision arcadienne de la nature, dans laquelle tout est parfaitement agencé, et où les éléments et l'homme coexistent en paix. Ainsi, on ne trouve ni spectaculaire, ni violence dans ses paysages. De manière générale, quelle que soit la scène représentée, ils peuvent être interprétés soit comme une invitation au voyage, soit comme une réflexion sur le temps qui passe ou sur la vie humaine. Ce type de questionnement est très courant dans les œuvres des XVIᵉ et XVIIᵉ siècles.

LES JEUX DE LUMIÈRE

Les œuvres de Claude Lorrain sont parfois difficiles à interpréter aujourd'hui, notamment parce que ses figures ne sont jamais clairement identifiables. Il est possible que ce manque de précision corresponde à une volonté du peintre, mais peut-être ses figures étaient-elles facilement reconnaissables pour ses contemporains, même si elles ont perdu leur évidence aujourd'hui.

Quoi qu'il en soit, ce flou évite de distraire l'œil du spectateur du véritable sujet du tableau : les jeux de lumière de la nature. À cet égard, Claude Lorrain est le premier peintre à s'intéresser au rendu du soleil et de ses reflets. D'autres artistes ont bien entendu représenté le soleil dans leurs œuvres, mais aucun, jusque-là, ne s'en était servi comme source (représentée) de lumière. De plus, son traitement particulier de la lumière lui permet de suggérer de manière subtile l'écoulement du temps. Il s'agit là encore d'une innovation majeure. Enfin, notons que Lorrain apprécie de travailler le même thème dans plusieurs tableaux, mais en le représentant à différents moments et en proposant des variations de lumière. Ainsi, plusieurs de ses œuvres se répondent l'une l'autre et forment des pendants : l'artiste y peint le même sujet, mais avec des variantes en matière de lumière et de composition. Parfois, si le thème abordé est identique, il est toutefois évoqué à travers des scènes différentes, comme c'est le cas de *Psyché devant le palais de l'Amour* (1664) et de *Psyché sauvée de la noyade* (1666).

Lorrain est également à l'origine d'une nouvelle catégorie picturale : le genre des vues portuaires, les marines. Auparavant, celles-ci constituaient un élément du décor parmi d'autres, mais Lorrain leur accorde une toute nouvelle importance. L'espace y est très ouvert, donnant ici encore l'impression qu'il existe quelque chose de plus vaste. Aussi l'encadrement de ses scènes par des édifices, placés de manière asymétrique, lui permet-il de développer ses effets lumineux avec davantage de subtilité, et plus particulièrement le contre-jour. Le soleil est présenté de manière frontale, se reflète dans l'eau et attire l'œil du spectateur.

PAYSAGE AVEC L'ENLÈVEMENT D'EUROPE

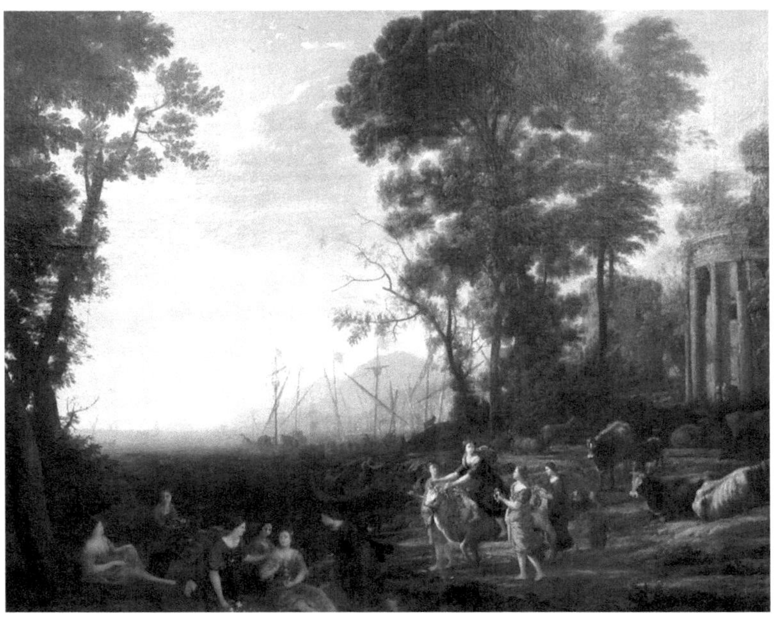

Paysage avec l'enlèvement d'Europe, 1634, huile sur toile, 172 x 199 cm, Fort Worth (Texas), Kimbell Art Museum.

Ce tableau est probablement le chef-d'œuvre de la jeunesse de Claude Lorrain. Il se distingue de ses autres toiles de cette période par ses grandes dimensions, annonçant déjà la grande manière du peintre. Selon les sources, le commanditaire serait soit l'ambassadeur français à Rome, Charles de Créquy (1575-1638), soit le cardinal Guido Bentivoglio (1579-1644).

L'œuvre représente un épisode des *Métamorphoses* : Jupiter prend l'apparence d'un taureau blanc afin d'enlever la princesse Europe dont il est épris. Alors qu'elle s'amuse sur le rivage avec des compagnes, il l'approche et la séduit. Lorsqu'elle s'assoit sur son dos, il l'emporte par la mer jusqu'en Crète où elle lui donnera trois enfants. Le thème de cette toile est l'un des favoris de Lorrain, avec la Fuite en Égypte et Apollon. Il le représentera encore dans quatre autres tableaux et dans quatre dessins achevés.

La composition de l'espace est très complexe en raison de la présence de plusieurs groupes de personnages, et les figures, vêtues de riches drapés, sont nombreuses. Les arbres encadrant la scène dessinent, à l'avant-plan, un arc qui, d'une part, rassemble les figures du tableau au premier plan et, d'autre part, ouvre l'espace vers l'infini de la mer. Les personnages se répartissent en trois groupes circulaires (deux groupes d'humains, un groupe de bovins), soulignés par la présence du temple rond inspiré d'un ancien temple de Tivoli. Ensemble, ils forment un chapelet de groupes suivant une configuration en huit. La scène centrale émerge des cercles latéraux, dont elle semble être le point de liaison. Malgré la complexité de la composition, les différents éléments forment un tout cohérent et sont ordonnés avec une grande précision. La densité du premier plan est équilibrée par l'ouverture du second plan et contenue par les arbres qui marquent la transition entre les deux espaces. Cet équilibre et cet ordonnancement répondent en tous points aux codes du classicisme.

Les traits sont francs et spontanés. La scène semble d'ailleurs être la capture d'un instant : le taureau est prêt à s'élancer vers la mer. Quant aux couleurs, elles sont extrêmement vives et lumineuses, surtout dans le ciel, qui illumine l'ensemble de la composition. Elles traduisent bien l'atmosphère joyeuse et enchantée de la scène.

PAYSAGE AVEC JACOB, LABAN ET SES FILLES

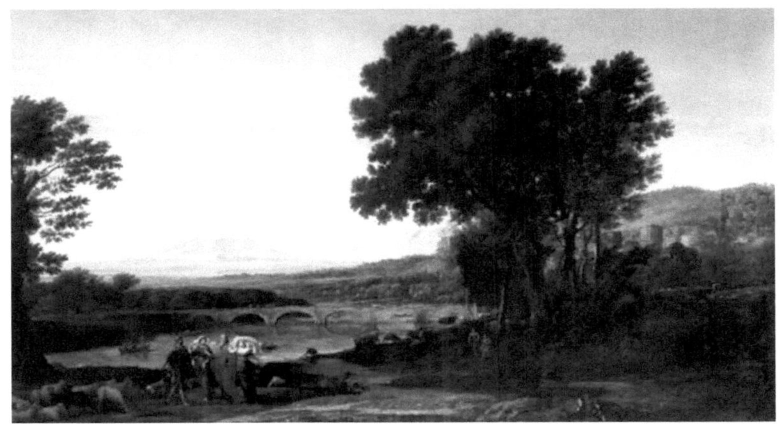

Paysage avec Jacob, Laban et ses filles, 1654, huile sur toile, 143,5 x 252 cm, Petworth, The National Trust, Petworth House.

Ce tableau est réalisé pour le collectionneur romain Carlo Cardelli, qui est également le commanditaire de son pendant, le *Paysage avec l'adoration du Veau d'or* (1653). Il est surtout connu pour avoir inspiré le peintre britannique William Turner (1775-1851).

Son thème est tiré du récit biblique de la *Genèse*. Jacob achète à son frère Esaü son droit d'aînesse et, avec l'aide de sa mère, Rebecca, il se fait bénir par son père, Isaac, à la place de son frère. Pour se venger, ce dernier entend bien tuer Jacob qui se voit contraint de fuir son pays. Il se rend alors à Harran, en Mésopotamie, auprès de son oncle Laban. En échange de son travail de gardien de troupeaux, il reçoit en mariage les deux filles de Laban, Léa et Rachel. Le tableau de Lorrain montre Laban donnant ses deux filles à Jacob. Il s'agit de la première représentation de ce thème par l'artiste et, comme pour le *Paysage avec l'enlèvement d'Europe*, d'autres peintures et dessins y seront également consacrés.

Les couleurs, riches et vives, confèrent une grande vivacité à la scène. Ici encore, le peintre semble capturer un instant, grâce aux attitudes spontanées des personnages et aux effets du vent dans les drapés de leurs vêtements. La nature est particulièrement verdoyante, ouvrant un espace où tout semble possible. La composition comporte une succession de bandes horizontales qui ordonnent le paysage de manière harmonieuse : on trouve d'abord la terre, puis l'eau, ensuite les collines et enfin le ciel. Ce procédé confère à la scène une plus grande profondeur et permet de l'élargir. Mais il engendre également une certaine tension entre la densité du groupe de personnages au premier plan et l'ouverture du fond. Par ailleurs, la scène est encadrée de manière symétrique par les arbres, tout en s'ouvrant davantage sur la gauche pour laisser apercevoir des bâtiments. Parmi ceux-ci, on peut reconnaître certaines constructions romaines, dont le château Saint-Ange.

PAYSAGE AVEC LE REPOS PENDANT LA FUITE EN ÉGYPTE

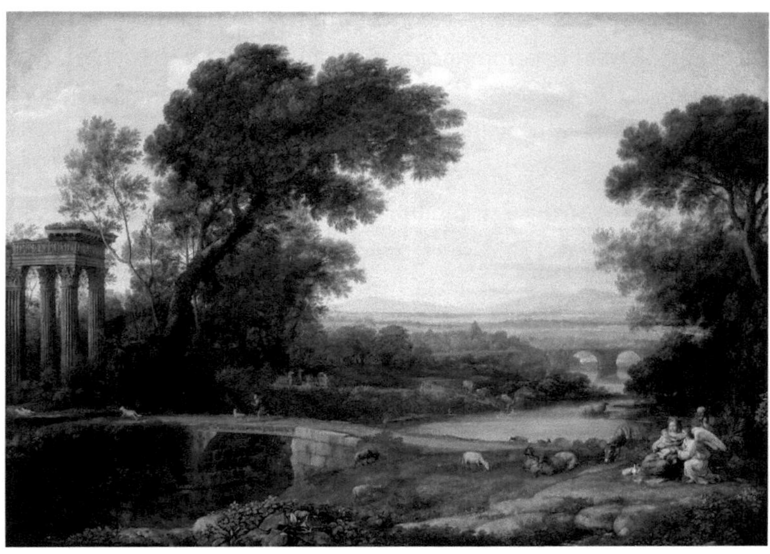

Paysage avec le Repos pendant la Fuite en Égypte, 1661, huile sur toile, 116 x 159,6 cm, Saint-Pétersbourg, musée de l'Ermitage.

Ce tableau est réalisé à la demande de Hendrik van Halmale, bourg-
mestre d'Anvers, avant de passer dans les collections de la famille
impériale russe. D'après les dessins du *Liber Veritatis*, il en existe
une seconde version aujourd'hui disparue. Il fait par ailleurs partie
d'un groupe de quatre œuvres réalisées à des périodes différentes et
regroupées en deux paires de deux pendants figurant la même scène
à différents moments de la journée. Au XVIIIe siècle, l'ensemble a été
regroupé sous le titre *Les Quatre Heures du jour* et chaque tableau
a reçu une nouvelle désignation : ce tableau-ci a été appelé le *Midi*
tandis que son pendant est devenu le *Soir*. Leur point commun réside
dans la présence d'anges auprès de la Sainte Famille.

Le thème de la Fuite en Égypte, très en vogue parmi les artistes des
XVIe et XVIIe siècles, est le plus prisé de Claude Lorrain, pour qui il
incarne probablement le voyage par excellence – celui de la vie et,
surtout, de l'âme humaine. Il y consacre d'ailleurs un grand nombre
d'œuvres qui, toutes, revisitent le thème en apportant des variantes
dans la composition, dans la luminosité ou dans les éléments figurés.
L'épisode est rapporté dans l'*Évangile* de Matthieu : un ange appa-
raît en rêve à Joseph et lui ordonne de fuir en Égypte avec Marie et
l'enfant, car Hérode va chercher à s'emparer de ce dernier pour le
tuer. Aussitôt réveillé, Joseph prend la route avec Marie et le nou-
veau-né. En chemin, plusieurs miracles, dont celui du champ de blé,
les aident à poursuivre leur périple.

La composition, plus calme et mieux construite que dans ses premières œuvres, témoigne incontestablement du style de Lorrain
dans sa dernière période. Les ponts marquent les limites entre les
différents plans du tableau qui, sans eux, se fondraient les uns dans
les autres. Les arbres forment à nouveau une arche qui sépare la
scène de la profondeur du paysage. Le nombre de personnages est
limité, de même que les constructions architecturales. Aussi tout
semble-t-il au repos : l'eau et les arbres sont immobiles.

La lumière qui baigne le tableau lui confère l'atmosphère paisible d'une journée estivale. Elle émane du ciel qui inonde l'arrière-plan de la toile. Plus l'œil se dirige vers l'avant-plan, plus l'obscurité grandit. Les silhouettes sombres des arbres contrastent, grâce au contre-jour, avec la clarté du ciel. Quant aux personnages, ils semblent posséder leur propre lumière et se détachent ainsi de la forme obscure du bosquet de droite. En outre, ils sont démesurés par rapport au reste de la composition. Au point que s'ils se tenaient debout, ils seraient disproportionnés en regard des autres figures.

PSYCHÉ DEVANT LE PALAIS DE L'AMOUR

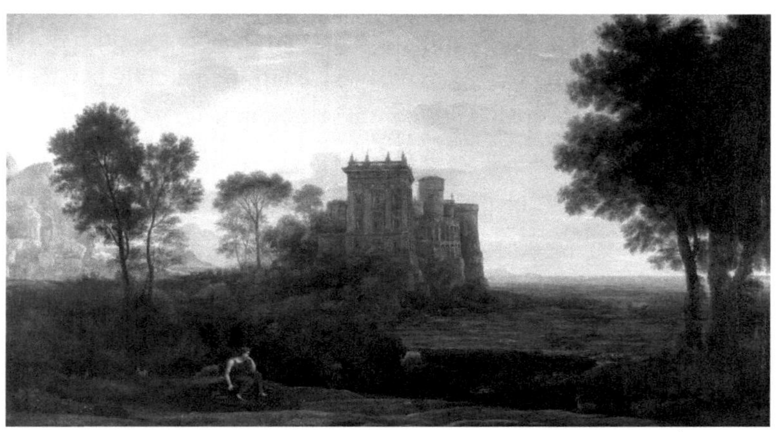

Psyché devant le palais de l'Amour, 1664, huile sur toile, 87,1 x 151,3 cm, Londres, The National Gallery.

Aussi connu sous le titre tardif de *Château enchanté* donné à l'œuvre au XVIIIe siècle, ce tableau est commandité par le prince Lorenzo Onofrio Colonna (1637-1689), principal commanditaire de Lorrain dans les années 1660-1680. Il possède lui aussi un pendant : *Psyché sauvée de la noyade* (1666).

Cette toile est à l'origine de l'importante renommée de l'artiste pendant la période romantique, à la fin du XVIIIe siècle et au début du XIXe siècle. Il a d'ailleurs directement inspiré le poète anglais John Keats (1795-1821), qui a écrit un poème intitulé « Le Château enchanté », destiné à l'un de ses amis malade.

Le thème de cette œuvre est emprunté aux *Métamorphoses* d'Apulée (125-180 apr. J.-C.). Le père de Psyché désespère de marier sa fille dont la grande beauté effraie les prétendants. Sur les conseils de l'oracle, il l'enchaîne au sommet d'une montagne afin qu'un monstre en prenne possession. Mais Cupidon en tombe amoureux, et Psyché est emportée par le vent dans un somptueux palais. La nuit, elle sent une présence à ses côtés : il s'agit de son nouvel époux, Cupidon, mais il lui est interdit de le voir. Elle ignore donc l'identité de son mari. Influencée par ses sœurs, jalouses, Psyché désobéit et, en cherchant à observer son époux, le réveille. Ce dernier prend alors la fuite. La jeune femme demande l'aide de Vénus, la mère de Cupidon, qui, jalouse elle aussi, fait tout pour la séparer définitivement de son fils. Finalement, Jupiter intervient en faveur du couple.

La scène représentée par Lorrain pose un problème d'interprétation. Il s'agit soit du moment où le vent dépose Psyché près du château, soit du moment où Psyché est abandonnée par Cupidon. Quoi qu'il en soit, l'atmosphère de la composition évoque la rêverie, l'attente et l'espoir, traduits notamment par l'estompage des contours et la lumière laiteuse de la représentation. Aussi l'inaccessibilité du château et de tout ce qu'il incarne, au second plan, accentue-t-elle ces sentiments. Les couleurs sombres renvoient quant à elles à la gravité de l'événement et à l'état d'esprit de l'unique personnage représenté, dont l'isolement est total. Par opposition au repli de Psyché sur elle-même, le paysage est très ouvert, ce qui complique encore davantage l'interprétation de l'œuvre et lui confère un certain mystère.

CLAUDE LORRAIN,
UNE SOURCE D'INSPIRATION

Bien qu'il n'ait eu aucun élève, Claude Lorrain a eu une influence considérable, tant sur ses contemporains que sur les artistes des générations suivantes. Dès les années 1630, dans toute l'Europe, des peintres reprennent les effets de contre-jour et de distanciation développés par le maître. Parmi eux, on dénombre les paysagistes Herman Van Swanevelt (vers 1600-1655), Pierre Patel (vers 1605-1676), Gaspard Dughet (1615-1675) ou encore Angeluccio (1620-1650). Un siècle plus tard, de nombreux artistes se mettent à imiter ses compositions de la « grande manière », par exemple Hendrik van Lint (1684-1763). Toutefois, ils recourent à des couleurs plus pâles, adaptant le style de Lorrain à la mode du XVIIIe siècle : il s'agit de construire un univers imaginaire et nostalgique d'un âge d'or passé.

S'il ne s'est jamais rendu en Angleterre, Lorrain y a pourtant laissé une marque indélébile. Ce pays a développé un tel engouement à son égard qu'on peut même dire que le maître a influencé l'ensemble de la culture artistique anglaise. Dès le XVIIIe siècle, les peintres, les architectes de jardin, les poètes, les auteurs, tous s'inspirent des paysages de Lorrain pour créer leurs œuvres. L'artiste anglais qui doit le plus au peintre français est certainement William Turner.

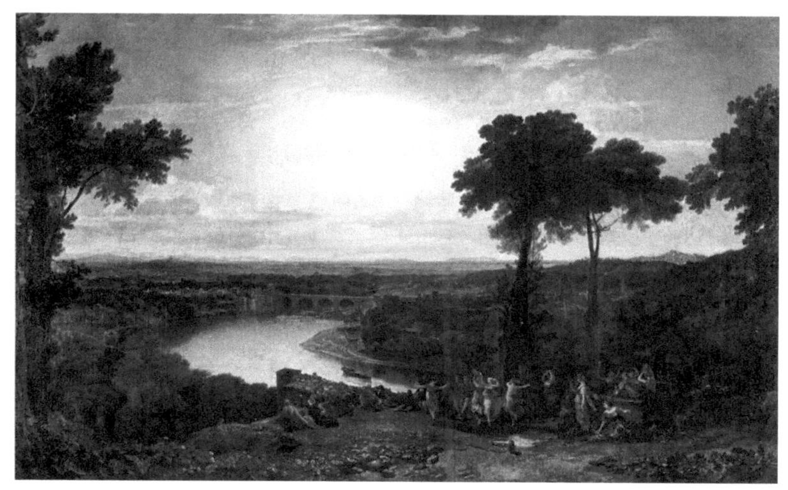

TURNER (William), *La Fête des vendanges à Mâcon*, 1803, huile sur toile, 237,5 x 146 cm, Sheffield, Sheffield Galleries and Museums Trust.

Il suffit de comparer *La Fête des vendanges à Mâcon* (1803) avec le *Paysage avec Jacob, Laban et ses filles* (1654) pour voir à quel point l'œuvre de Lorrain a inspiré celle de Turner. Les deux paysages sont quasi identiques ! Toutefois, Turner va plus loin en accentuant certains éléments du style de son modèle. Dans ses tableaux, la lumière est plus autonome et devient le sujet même de l'œuvre, tandis que chez Lorrain, elle n'était encore qu'un élément de la composition. Elle se fait également plus éblouissante et les ombres semblent plus mystérieuses que chez l'artiste français. De plus, Turner multiplie les constructions et dispose les éléments de ses compositions selon des angles différents afin de créer autant d'effets de contre-jour. La fuite en profondeur est également plus importante et ouvre encore davantage l'espace représenté. Enfin, s'il reprend aussi le côté idéal des compositions de Lorrain, il se veut toutefois plus fidèle à la réalité de la nature et développe un regard tout à fait personnel par rapport à celle-ci.

À côté de son incroyable fortune en Angleterre, Lorrain a également inspiré un grand nombre d'impressionnistes. Ces derniers ont souvent imité ses lavis (dessins au pinceau utilisant un pigment délayé à l'eau, comme l'encre de Chine), tout en développant une nouvelle vision de la nature, ainsi qu'une nouvelle façon de la rendre visuellement. Si la lumière occupe également une place de choix dans les œuvres de ces derniers, elle ne sert cependant plus à unifier les formes, comme c'est le cas chez Lorrain, mais bien à les dissoudre.

EN RÉSUMÉ

- Claude Gellée, dit Claude Lorrain, naît en Lorraine vers 1600. Très tôt, il se rend à Rome, où il s'installe définitivement en 1627, mais on ignore dans quelles circonstances exactement. Le peintre y effectue des commandes pour les personnalités les plus importantes de l'époque.

- Dès son installation à Rome, Lorrain se spécialise dans le genre du paysage. Ses premières œuvres intègrent des scènes pastorales ou représentant la Fuite en Égypte, un de ses thèmes de prédilection. L'ensemble de sa production est très homogène, bien qu'on y décèle une certaine évolution. Au fil du temps, Lorrain s'oriente vers des thèmes issus de la religion et de la mythologie, et ses paysages sont de plus en plus ouverts, mieux équilibrés et mieux construits.

- Ses paysages sont dits idéaux, à la fois parce que tous les éléments y sont ordonnés et harmonieux, et parce qu'il y mélange intimement le réel et l'imaginaire. Il passe beaucoup de temps à observer et à dessiner la campagne romaine puis, à partir de ses esquisses, il recompose une nature fictive et arcadienne, mais réaliste.

- Ses tableaux peuvent être interprétés comme une invitation à la méditation et au voyage, à la fois par leur sujet et par l'atmosphère paisible qui s'en dégage. Cependant, Lorrain reste toujours ancré dans le réel en s'interdisant tout élément surnaturel.

- Il est par ailleurs le premier peintre à s'intéresser au rendu du soleil et de ses reflets, s'en servant comme source de lumière. De plus, son traitement particulier des effets lumineux lui permet de suggérer de manière subtile l'écoulement du temps. Ainsi, plusieurs de ses tableaux sont créés avec un pendant présentant des variations de lumière.

- Claude Lorrain a fortement influencé les peintres de son époque et des siècles suivants. Il a notamment laissé une trace indélébile sur les artistes anglais. William Turner, en particulier, s'est largement inspiré de ses œuvres pour élaborer son propre langage artistique.

POUR ALLER PLUS LOIN

SOURCES BIBLIOGRAPHIQUES

* *Claude Lorrain*, Paris, Hachette, 1967.
* COTTÉ (Sabine), *L'Univers de Claude Lorrain*, Paris, Henri Scréfel, 1970.
* KITSON (Michael), « Claude Lorrain », in TURNER (Jane), *The Dictionary of Art*, tome 7, Londres, Macmillan Publishers Limited, 1996, p. 389-403.
* KITSON (Michael) et WARRELL (Ian), *Turner et le Lorrain*, Paris, Hazan, 2010.
* MÉROT (Alain), *Du paysage en peinture dans l'Occident moderne*, Paris, Gallimard, 2009.
* RÖTHLISBERGER (Marcel), *Tout l'œuvre peint de Claude Lorrain*, Paris, Flammarion, 1977.
* RUSSEL (Diane), *Claude Gellée dit le Lorrain (1600-1682)*, Paris, RMN, 1983.
* SONNABEND (Martin), *Claude Lorrain: The Enchanted Landscape*, Oxford, Ashmolean, 2011.
* TAPIÉ (Victor), *Baroque et Classicisme*, Paris, Plon, 1972.
* VAN TUYLL VAN SEROOSKERKEN (Carel) et PLOMP (Michiel), *Claude Gellée dit le Lorrain. Le dessinateur face à la nature*, catalogue d'exposition, Paris, Éditions du Louvre et Somogy, 2011.
* WALTHER (Ingo), *Les Maîtres de la peinture occidentale. Du gothique au néo-classicisme*, Cologne, Taschen, 2005.

SOURCES ICONOGRAPHIQUES

* LORRAIN (Claude), *Paysage avec Énée à Délos*, 1672, huile sur toile, 134 x 99,7 cm, Londres, The National Gallery. La photo reproduite est réputée libre de droits.

- LORRAIN (Claude), *Paysage avec Jacob, Laban et ses filles*, 1654, huile sur toile, 143,5 x 252 cm, Petworth, The National Trust, Petworth House. La photo reproduite est réputée libre de droits.
- LORRAIN (Claude), *Paysage avec l'enlèvement d'Europe*, 1634, huile sur toile, 172 x 199 cm, Fort Worth (Texas), Kimbell Art Museum. La photo reproduite est réputée libre de droits.
- LORRAIN (Claude), *Paysage avec le Repos pendant la Fuite en Égypte*, 1661, huile sur toile, 116 x 159,6 cm, Saint-Pétersbourg, musée de l'Ermitage. La photo reproduite est réputée libre de droits.
- LORRAIN (Claude), *Psyché devant le palais de l'Amour*, 1664, huile sur toile, 87,1 x 151,3 cm, Londres, The National Gallery. La photo reproduite est réputée libre de droits.
- TURNER (William), *La Fête des vendanges à Mâcon*, 1803, huile sur toile, 237,5 x 146 cm, Sheffield, Sheffield Galleries and Museums Trust. La photo reproduite est réputée libre de droits.

SOURCES COMPLÉMENTAIRES

- *Port de mer au soleil couchant de Claude Gellée dit le Lorrain*, documentaire d'Alain Jaubert, France, 1989.
- *Scénographie du paysage*, documentaire de Pascale Bouhenic, France, 2002.

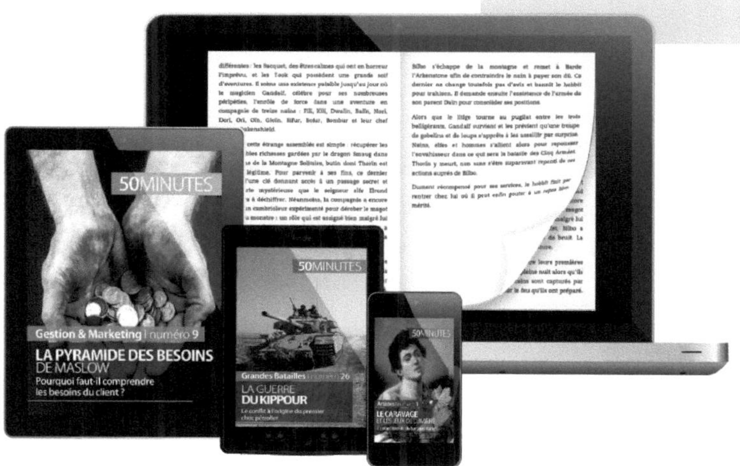

Éditeur responsable : Lemaitre Publishing
Rue Lemaitre 6 | BE-5000 Namur
info@lemaitre-editions.com

ISBN ebook : 978-2-8062-6179-3
ISBN papier : 978-2-8062-6180-9
Dépôt légal : D/2015/12603/21
Photo de couverture : © *Paysage avec Énée à Délos* (1672), par Claude Lorrain (détail).

Conception numérique : Primento,
le partenaire numérique des éditeurs